AF349850

10 Juin 1882

V

Vente du Samedi 10 Juin 1882

HOTEL DROUOT, SALLES N° 8 ET 9

A TROIS HEURES

VINGT-QUATRE

BELLES TAPISSERIES

TENTURES

ÉMAUX CLOISONNÉS

MEUBLES, SIÉGES

—

EXPOSITIONS

PARTICULIERE	PUBLIQUE
Le Jeudi 8 Juin 1882	Le Vendredi 9 Juin 1882

COMMISSAIRE-PRISEUR :

Me **DUBOURG**, rue Laffitte, n° 9

EXPERT :

M. Charles **MANNHEIM**, rue Saint-Georges, n° 7

—

PARIS — 1882

Vᵉ RENOU, MAULDE et COCK

IMPRIMEURS DE LA COMPAGNIE DES COMMISSAIRES-PRISEURS

Rue de Rivoli, 144

CATALOGUE

DE VINGT-QUATRE

BELLES TAPISSERIES

RENAISSANCE

Et des époques Louis XV et Louis XVI

RICHES PORTIÈRES EN PELUCHE ET BRODERIES

BEAU MEUBLE DE SALON DU TEMPS DE LOUIS XVI

Couvert en tapisserie de Beauvais

ANCIENS ÉMAUX CLOISONNÉS DE LA CHINE

Contadore portugais, Meubles en bois sculpté

GRAND LIT DE STYLE RENAISSANCE

MEUBLES EN MARQUETERIE ET AUTRES

SERVICE DE TABLE EN PORCELAINE DE SAXE

SIÉGES VARIÉS

DONT LA VENTE AURA LIEU

HOTEL DROUOT, SALLES Nᵒˢ 8 ET 9

Le Samedi 10 Juin 1882

A TROIS HEURES

Par le ministère de Mᵉ **DUBOURG**, Commissaire-Priseur, rue Laffitte, 9

Assisté de Mᵉ Charles **MANNHEIM**, Expert, rue Saint-Georges, 7

EXPOSITIONS

PARTICULIÈRE	PUBLIQUE
Le Jeudi 8 Juin 1882	Le Vendredi 9 Juin 1882

DE UNE HEURE A CINQ HEURES

PARIS — 1882

CONDITIONS DE LA VENTE

Elle sera faite au comptant.

Les Acquéreurs paieront CINQ POUR CENT, en sus des adjudications, applicables aux frais.

DÉSIGNATION DES OBJETS

TAPISSERIES

1 — Belle suite de **NEUF PANNEAUX** en tapisserie de Beauvais, du temps de Louis XVI, décorés chacun d'un médaillon ovale renfermant un sujet tiré des Fables de La Fontaine. Ces médaillons sont encadrés de feuillages simulant des cadres en bois doré et de festons de fleurs se détachant en couleurs sur fond blanc. Ces fleurs servent en même temps de bordures aux tapisseries, dont le fond extérieur est vert pâle.

Ce lot pourra être divisé.

Haut. 2^{m}30. Larg. 1^{m}58, 1^{m}45, 1^{m}37, 1^{m}35, 1^{m}28, 1^{m}19. 1^{m}18, 1^m, 0^{m}75.

2 — Beau **MEUBLE DE SALON**, du temps de Louis XVI, en bois sculpté laqué gris en deux tons, et couvert de tapisseries de même qualité et de même décor que les panneaux qui précèdent.

Il se compose :

D'une Ottomane, de 2^{m}60 de largeur,
De deux Canapés, de 1^{m}95 de largeur
Et de douze Fauteuils.

Ce Meuble pourra être divisé de la façon suivante :

Deux lots composés chacun d'un Canapé et de six Fauteuils, et ensuite l'Ottomane.

Suite de **QUATRE BELLES TAPISSERIES** de Beauvais : verdures avec oiseaux au premier plan et habitations dans les fonds. Elles sont encadrées de bordures ornées, simulant du bois doré sur fond bleu.

L'une d'elles porte les lettres M. R. et l'écusson de France, et deux autres le nom de MÉROU, à Beauvais.

3 — Haut. 3ᵐ05. Larg. 3ᵐ95.

4 — Haut. 3ᵐ05. Larg. 3ᵐ65.

5 — Haut. 3ᵐ05. Larg. 2ᵐ42.

6 — Haut. 3ᵐ05. Larg. 2ᵐ15.

Suite de **SEPT PANNEAUX** de tapisseries d'Aubusson, représentant des sujets bibliques à grands personnages. Les bordures se composent de rinceaux et de festons de fleurs.

L'une d'elles porte la signature suivante :

FVRGAVD DE LAVERGNE. *Fecit*, 1788. M. R. D.

7 — Haut. 3ᵐ70. Larg. 2ᵐ35.

8 — Haut. 3ᵐ70. Larg. 3ᵐ24.

9 — Haut. 3ᵐ65. Larg. 3ᵐ70.

10 — Haut. 3ᵐ58. Larg. 2ᵐ25.

11 — Haut. 3ᵐ65. Larg. 8ᵐ45.

12 — Haut. 3ᵐ55. Larg. 2ᵐ80.

13 — Haut. 3ᵐ25. Larg. 1ᵐ50.

Quelques-unes de ces Tapisseries faisaient partie de panneaux plus grands et n'ont par conséquent pas conservé la totalité de leurs encadrements.

Suite de **QUATRE TAPISSERIES** Renaissance, à sujets héroïques, composés d'un grand nombre de guerriers et de cavaliers en riches costumes du XVIᵉ siècle. Elles sont encadrées de belles bordures, composées de figures allégoriques, de corbeilles et de festons de fruits, de rinceaux et d'ornements.

14 — Haut. 2^{m}75. Larg. 5^m.

15 — Haut. 2^{m}75. Larg. 4^{m}60.

16 — Haut. 2^{m}75. Larg. 3^{m}90.

17 — Haut. 2^{m}75. Larg. 3^{m}35.

TENTURES

18 — Grande et magnifique **PORTIERE DOUBLE** avec lambrequin drapé, en peluche rouge cuivreux, couverte de riches applications de broderies orientales en soie, or et argent, à vase de fleurs, feuillages, rinceaux et palmes. Elle est accompagnée de ses embrasses.

Haut. totale, 4^{m}30.

19 — Quatre grands **RIDEAUX DE CROISÉES** et deux Lambrequins en peluche bleu-clair, garnis de bandes ponceau, décorées d'applications d'ornements lamés d'argent. Ils sont accompagnés de leurs embrasses et sont encadrés de passementeries.

Haut. totale, 4^{m}30.

EMAUX CLOISONNÉS

—

20 — Grand et ancien **BRULE-PARFUMS,** formé de trois animaux accolés, en émail cloisonné de la Chine, à fond bleu
foncé, surmonté d'une sorte de pagode circulaire à double
pavillon, aussi en émail cloisonné, varié de nuances et enrichi de parties réservées en bronze doré. Il repose sur un
socle en bois de fer.

Haut. sans le socle, 1^{m}18.

21 — Beau **VASE** en forme de cornet, à panse renflée, en ancien
émail cloisonné de la Chine, décoré d'ornements et de fleurs
arabesques en couleurs sur fond bleu foncé, bleu turquoise
et vert d'eau. Il est garni de deux anses et repose sur trois
figurines agenouillées en bronze doré.

Il se pose sur un socle en bronze doré, dont le dessus est
formé d'une plaque d'émail cloisonné, et sur une table de
style chinois en bois noir sculpté.

Haut. totale du vase, 0^{m}60.

Haut. de la table, 0^{m}89.

22 — **VASE** en forme de bouteille en ancien émail cloisonné de la
Chine, décoré de fleurs et de fruits en couleurs sur fond bleu
turquoise.

Haut. 0^{m}43.

SERVICE DE SAXE

—

23 — Beau **SERVICE DE TABLE** en porcelaine de Saxe, à décor
bleu, à fleurs. Il se compose de :

Quatre Girandoles.
Trois Corbeilles à fleurs.
Quatre Compotiers à figures.
Huit Compotiers sans figures. en deux dimensions.
Quatre Assiettes à fruits.
Dix Bouts-de-Table ornés de figurines d'enfants.
Deux Soupières.
Quatre Raviers, forme coquille.
Quatre Coquilles à dessert.
Deux Coquilles à sucre, avec cuillers.
Vingt-et une Assiettes à potage.
Quatre-vingt-six Assiettes plates.
Quatre-vingt-quatorze Assiettes à dessert.

MEUBLES

—

24 — Petit **CONTADORE** portugais, supporté par des cariatides
de femmes, en bois sculpté et entièrement couvert d'incrustations de bois et d'ivoire. Il est garni d'appliques et d'écoin-
çons en cuivre découpé et doré ; les encadrements des tiroirs
sont cloutés de cuivre.

Haut. 1m05. Larg. 0m90.

25 — Curieux **MEUBLE** de style chinois en bois noir sculpté sur fond doré. Il est supporté par quatre colonnes droites et présente sur un fond de glace, un corps d'armoire à porte pleine et côtés vitrés. Dans le bas et dans le haut, un tiroir.

Haut. 1m61. Larg. 1m10.

26 — Grand **MEUBLE** ou **SCRIBAN** en marqueterie de bois, à trophées d'armes et ornements. La partie inférieure du meuble forme commode et bureau ; la partie supérieure contenant un grand nombre de tiroirs, est fermée à l'aide d'une porte garnie d'une glace. Les côtés sont cintrés et le fronton également en marqueterie, est encadré d'ornements rocaille en bois sculpté et doré.

Travail allemand du temps de Louis XV.

Haut. 2m95. Larg. 1m55.

27 — Grand **LIT** à quatre colonnes et à dossier en bois sculpté. Il est surmonté d'une corniche et il est garni de tentures en peluche bleue et de broderies d'argent sur fond rouge.

Travail de style Louis XIII.

Haut. 2m83. Larg. 1m90.

28 — Grande **PSYCHÉ** de même style, avec fronton découpé, orné d'un mascaron, tête de femme. Elle est garnie d'une glace à biseaux.

Haut. 2m70. Larg. 1m35.

29 — Grande **COMMODE ITALIENNE** incrustée de figures et
de fleurs en os gravé et à trois tiroirs garnis de poignées de
cuivre.

Larg. 1ᵐ42.

30 — Très grande **TABLE PORTUGAISE** en bois noir sculpté,
à fleurs et feuillages, et reposant sur quatre pieds tors, reliés
par une traverse formant entrejambes.

Larg. 1ᵐ65.

31 — **BUREAU PLAT** de style Louis XV, en bois noir et marqueterie à fleurs, garni d'ornements rocaille en bronze.

Larg. 1ᵐ38.

32 — **MEUBLE** à deux corps, de style Renaissance en bois sculpté,
à figures et ornements. Il est enrichi d'incrustations de marbre
et il est surmonté d'un fronton découpé.

Haut. 2ᵐ20. Larg. 1ᵐ35.

33 — **TABLE A MANGER**, de forme ronde, en bois sculpté,
sur pied à quatre ressauts. Elle est accompagnée de cinq
rallonges.

Diam. 1ᵐ54.

34 — **MEUBLE** de style breton, fermant à deux portes, orné de
rosaces à jour, à balustres en bois tourné et clouté de
cuivre.

Haut. 2ᵐ20. Larg. 1ᵐ25.

35 — Grand **BUREAU A DOS D'ANE**, surmonté d'un casier en bois noir incrusté d'ivoire. Les deux portes sont vitrées. Travail italien.

Haut. 2^{m}45. Larg. 1^{m}45.

36 — **COFFRE DE MARIAGE ITALIEN** en bois sculpté; il offre sur sa face des rinceaux élégants, et, à son centre, un médaillon circulaire, flanqué de deux animaux fantastiques. XVIᵉ siècle.

Larg. 1^{m}53.

37 — **COFFRE** analogue à celui qui précède. Celui-ci est décoré de cariatides humaines se terminant en rinceaux dans lesquels se jouent des animaux.

Larg. 1^{m}88.

38 — Autre **COFFRE** analogue à ceux qui précèdent.

Larg. 1^{m}65.

SIÉGES

—

39 — Vingt-quatre **BELLES CHAISES** de salle à manger, à dossier élevé, de style Louis XIV, en bois de noyer, couvertes en velours de Gênes ponceau, à dessin ton sur ton. Ce lot pourra être divisé.

40 — **CANAPÉ** Louis XV en bois naturel, à moulures, couvert
d'étoffe à dessin jaune sur fond bleu-clair.

41 — **CHAISE** longue en bois sculpté du temps de Louis XV, couverte de même étoffe que le canapé qui précède.

42 — Deux **FAUTEUILS** de style Louis XIV, à pieds tournés,
couverts d'étoffe ancienne à fleurs en couleurs et lamée
d'argent sur fond jaune.

43 — Deux grandes **CHAISES** de même style, couvertes d'étoffe
ancienne à fond rose.

44 — **FAUTEUIL** capitonné de soie vert olive et garni de bandes
de tapisserie à la main.

45 — **POUF** rond, couvert d'étoffe orientale à fond jaune, brodé
en soie et or.

46 — Petite **BANQUETTE** couverte en peluche et étoffe ponceau, brodée d'or de travail oriental.

47 — Deux **POUFS**, ronds couverts de broderies orientales d'or et
d'argent sur fond violet, et garnis au pourtour d'une haute
frange à grille et à glands en soie, en or et en argent.

48 — Deux **CHAISES** Louis XVI en bois sculpté laqué blanc et
foncées en canne dorée.

Vᵉ Renou, Maulde et Cock, impr⁰ de la Compagnie des Commissaires Priseurs,
rue de Rivoli, 144   28930

www.ingramcontent.com/pod-product-compliance
Lightning Source LLC
LaVergne TN
LVHW010907180726
843502LV00010B/4008